★ 💩 ★

うんこドリル
東京大学との共同研究で学力向上・学習意欲向上が実証されました！

❶ 学習効果UP

JN085743

意欲UP！

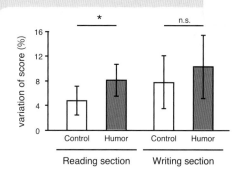

※「うんこドリル」とうんこではないドリルの、正答率の上昇を示したもの。
Control＝うんこではないドリル ／ Humor＝うんこドリル
Reading section＝読み問題 ／ Writing section＝書き問題

オレンジの
グラフが
うんこドリルの
学習効果
なのじゃ！

うんこドリルで学習した場合の成績の上昇率は、うんこではないドリルで学習した場合と比較して約60％高いという結果になったのじゃ！

Alpha　Beta　Slow gamma

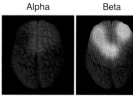
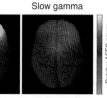

Relative ΔEEG power

※「うんこドリル」とうんこではないドリルの閲覧時の、脳領域の活動の違いをカラーマップで表したもの。左から「アルファ波」「ベータ波」「スローガンマ波」。明るい部分ほど、うんこドリル閲覧時における脳波の動きが大きかった。

明るくなっているところが、うんこドリルが優位に働いたところなのじゃ！

うんこドリルで学習した場合「記憶の定着」に効果的であることが確認されたのじゃ！

共同研究　東京大学薬学部　池谷裕二教授

1998年に東京大学にて薬学博士号を取得。2002～2005年にコロンビア大学（米ニューヨーク）に留学をはさみ、2014年より現職。専門分野は神経生理学で、脳の健康について探究している。また、2018年よりERATO脳AI融合プロジェクトの代表を務め、AIチップの脳移植による新たな知能の開拓を目指している。
文部科学大臣表彰 若手科学者賞（2008年）、日本学術振興会賞（2013年）、日本学士院学術奨励賞（2013年）などを受賞。

著書：『海馬』『記憶力を強くする』『進化しすぎた脳』
論文：Science 304:559、2004、同誌 311:599、2011、同誌 335:353、2012

先生のコメントはウラへ

考察　池谷裕二教授より

教育において、ユーモアは児童・生徒を学習内容に注目させるために広く用いられます。先行研究によれば、ユーモアを含む教材では、ユーモアのない教材を用いたときよりも学習成績が高くなる傾向があることが示されていました。これらの結果は、ユーモアによって児童・生徒の注意力がより強く喚起されることで生じたものと考えられますが、ユーモアと注意力の関係を示す直接的な証拠は示されてきませんでした。そこで本研究では9～10歳の子どもを対象に、電気生理学的アプローチを用いて、ユーモアが注意力に及ぼす影響を評価することとしました。

本研究では、ユーモアが脳波と記憶に及ぼす影響を統合的に検討しました。心理学の分野では、ユーモアが学習促進に役立つことが提唱されていますが、ユーモアが学習における集中力にどのような影響を与え、学習を促すのかについてはほとんど知られていません。しかし、記憶のエンコーディングにおいて遅いγ帯域の脳波が増加することが報告されていることと、今回我々が示した結果から、ユーモアは遅いγ波を増強することで学習促進に有用であることが示唆されます。
さらに、ユーモア刺激によるβ波強度の増加も観察されました。β波の活動は視覚的注意と関連していることが知られていること、集中力の程度は体の動きで評価できることから、本研究の結果からは、ユーモアがβ波強度の増加を介して集中度を高めている可能性が考えられます。

これらの結果は、ユーモアが学習に良い影響を与えるという
instructional humor processing theory を支持するものです。

※ J. Neuronet., 1028:1-13, 2020　http://neuronet.jp/jneuronet/007.pdf　　東京大学薬学部　池谷裕二教授

詳しい情報は
こちらをチェック！

① 「プログラミング的思考」を学ぶぞい。

うんこ先生

② 「プログラム」というのはコンピュータへ出す命令のことじゃ。

③ そして「プログラミング」とはその命令をつくることじゃぞ。

④ 「プログラミング的思考」とは，問題をうまく解決していくための考え方じゃ。

だからコンピュータを使わずとも学べるぞい。

そうなんだ

⑤ コンピュータが自動で何かを
できるようにするためには，
人間が正しいプログラムを
つくらねばならんぞい。

また，まちがいを正すのも
人間なのじゃ。

ふっ……

⑥ 何か問題を解決するために
順序よく考えて行動したり，
まちがえたところを見つけて
直したり…

キミが自然と
取り組んでいる中にも，
プログラミングの考え方は
きっとあるぞい。

いっぱい
あるのう！

⑦ では，スタート！！じゃ。

ビシッ！

はじめに

みなさん，こんにちは。ようこそプログラミングの世界へ。

本書を手に取ってくれてありがとうございます。
このドリルを手に取ったあなたは，きっとプログラミングに関心がある人でしょう。

でも，プログラミングは何だか難しいと感じていませんか。
だいじょうぶです。このドリルでは，おなじみのキャラクターと共に楽しく学べる
工夫がいっぱい用意してあります。

近年，プログラミング教育が世界各地で注目を集めています。
日本においても2020年度から，すべての小学校でプログラミング教育を進める
ことになりました。小学校ではプログラミングの体験をベースにして学習が進め
られています。そして小学生を対象としたプログラミングのコンテストも各地で
開かれているところです。

このドリルは，プログラミングの体験につながったり，体験を補ったりしてくれ
ます。そしてプログラミング教育の目的である「プログラミング的思考」と呼ば
れる「物事を論理的に考える力」を身に付けることができます。

プログラミング言語やスキルは時代とともに変化します。でも，考える力は
色あせません。考える力は，これからの時代の主役であるみなさんにとって，
とても大切な力といえます。

ぜひ楽しみながら取り組んでみてください。
プログラミングの世界への旅が心はずむものになることを期待しています。

2023年1月
茨城大学　小林祐紀

みの
まわり

家の中の
プログラミング

学習日

月　　　日

家の中にあるものにどんなプログラミングがされているか考えて，書きましょう。

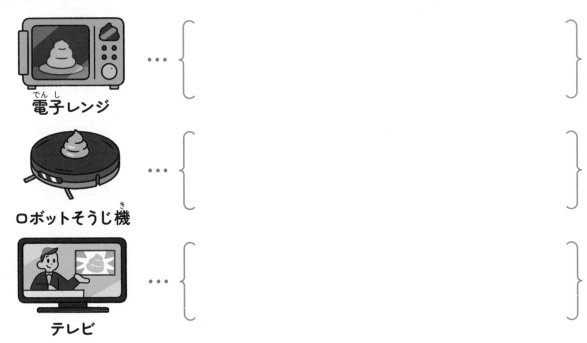

電子レンジ … {

ロボットそうじ機 … {

テレビ … {

どんなプログラミングがされているかは，
それぞれちがうのじゃ。
考えながら見てみるとおもしろいのう。

4

町の中の
プログラミング❶

町の中にあるものにどんなプログラミングがされているか考えて，書きましょう。

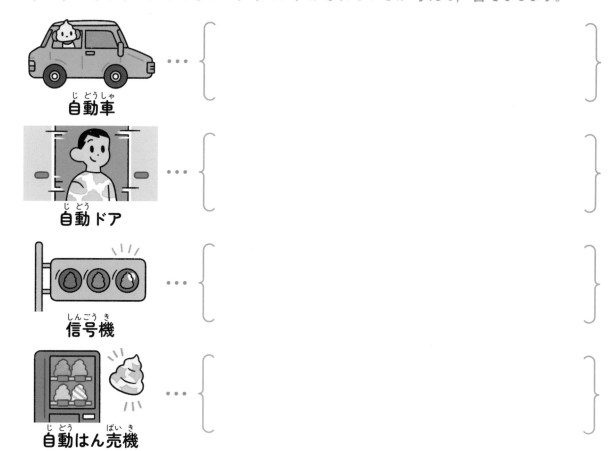

自動車　……{

自動ドア　……{

信号機　……{

自動はん売機　……{

町の中の
プログラミング❷

町の中にあるものにどんなプログラミングがされているか考えて，書きましょう。

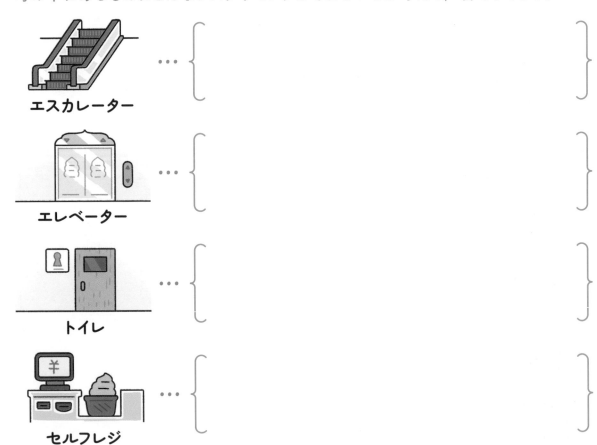

エスカレーター　…{ }

エレベーター　…{ }

トイレ　…{ }

セルフレジ　…{ }

第1章 順序

「順序」とは，プログラミングを支える基本的な要素の一つで，はじめに決められた手順を順番に実行することです。

コンピュータに何か命令したいときには，必要な手順とそれを正しく実行する順を考えることが大切です。

順序

すべての門をくぐろう

3つの門をすべてくぐり，スタート から ゴール まで進みます。
どの順序でくぐればよいですか。

□に記号を書きましょう。同じ道は2回通れません。

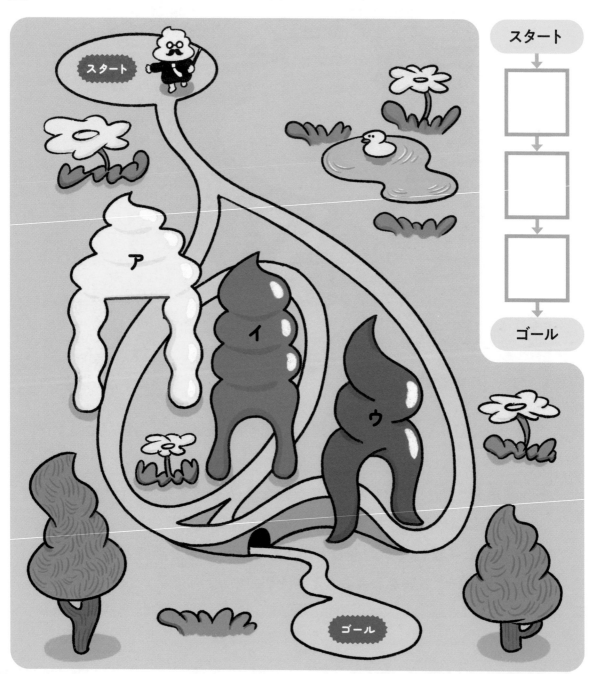

スタート
↓
□
↓
□
↓
□
↓
ゴール

8

順序

大きなうんこの像

下のうんこの像は，どのような順序でつくられたか，推理してみましょう。

つくられた順に，材料の記号を，□に書きましょう。

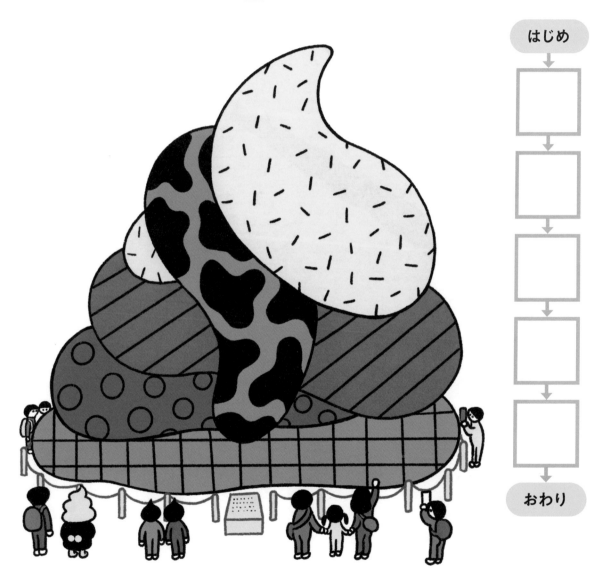

はじめ

↓

□

↓

□

↓

□

↓

□

↓

□

↓

おわり

 ア イ ウ エ オ

9

しりとりをしよう

次の言葉を，しりとりでつなぎます。

1からはじめたときと，3からはじめたとき，それぞれどんな順序になるか，□ に数字を書きましょう。

1 ごぼう

3 こおり

2 りんご

4 うんこ

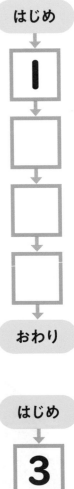

はじめ

↓

| 1 |

↓

| |

↓

| |

↓

| |

↓

おわり

はじめ

↓

| 3 |

↓

| |

↓

| |

↓

| |

↓

おわり

順序

うんこを
取りに行かせよう

ロボットに，うんこを取りに行かせます。

はじめ

1 とびのる　2 とび下りる　3 歩く　4 はしごを上がる

の命令を順に並べ，□に数字を書きましょう。

3

うんこを取る

おわり

11

うんこすごろくを進もう❶

スタート から，さいころの目の数だけマスを進みます。

❶ ❷ ❸ のそれぞれで，どこまで進みますか。

〔　〕に記号を書きましょう。

うんこを2個拾えたのは，❶ ❷ ❸ のどれですか。

（　　）に番号を書きましょう。

（　　　）

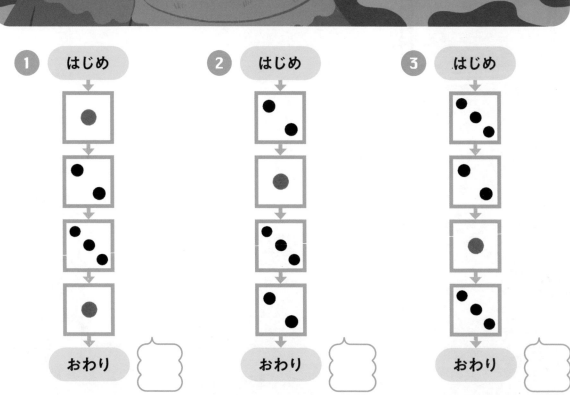

❶ はじめ　　おわり 〔　　〕

❷ はじめ　　おわり 〔　　〕

❸ はじめ　　おわり 〔　　〕

順序

順に点をつなごう

学習日

月　日

1 〜 3 のように ◘ をつなぐと，どんなうんこができますか。

● と ■ を線でつなぎましょう。

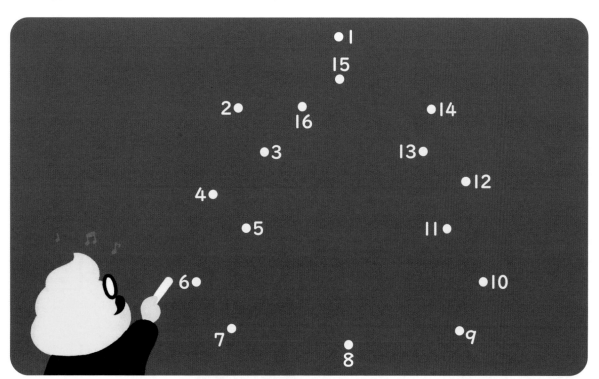

1 1，2，3…と，16までつなぐ。

2 1，3，5…と，1とびで15までつなぐ。

3 2，4，6…と，1とびで16までつなぐ。

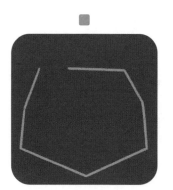

13

順序　危険をさけて下りよう

危険な場所をさけて, ● を通って スタート から ゴール まで下りるには,
どう行けばよいですか。

□ に, ⬇ ↙ ↗ ↘ を1つずつ書きましょう。

14

こんなことも
「順序」の考え方と言えるのじゃ！

家に入る

かぎを持つ
↓
かぎを差しこむ
↓
かぎを回す
↓
かぎをぬく
↓
ドアを開ける
↓
中に入る
↓
ドアを閉める
↓
かぎを閉める

洗たく機

水が入る
↓
洗ざいが入る
↓
服を洗う
↓
服をすすぐ
↓
水を出す

登校後の過ごし方

上ばきにはきかえて教室に行く
↓
机に荷物をしまい，ランドセルをロッカーへ入れる
↓
宿題などを提出する
↓
自由に過ごす
↓
朝の会

正多角形（5年生・算数）

かきたい正多角形の1つの角の大きさを調べる
↓
1辺をかく
↓
くりかえす
↓
同じ角の大きさをはかる
↓
同じ長さの辺をかく
↓
ここまで

15

第2章 くりかえし

「くりかえし」とは，プログラミングを支える基本的な要素の一つで，決められた処理をくりかえして行うことです。

結果が求められるまで何度もくりかえすこともあれば，一つの命令のまとまりを指定された回数だけくりかえすこともあります。

うんこどうくつを進もう

うんこ先生がどうくつを進みます。**ア**では頭を下げて歩き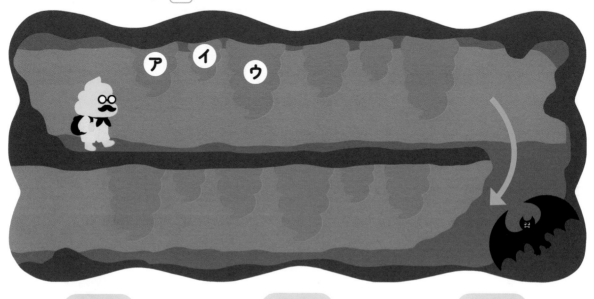，**イ**では
ふつうに歩き，**ウ**でははいはいします。

正しい進み方を選び，□に○を書きましょう。

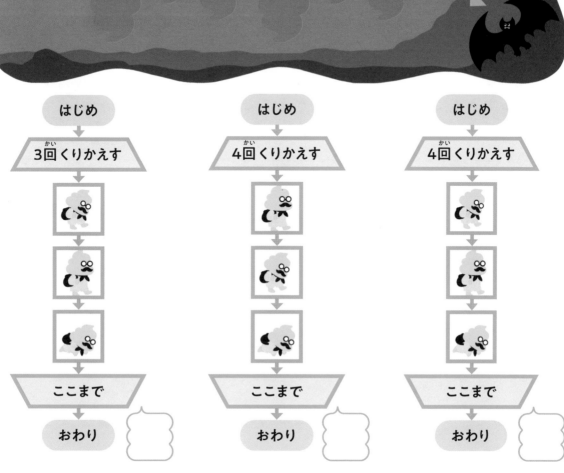

はじめ	はじめ	はじめ
3回くりかえす	4回くりかえす	4回くりかえす
ここまで	ここまで	ここまで
おわり	おわり	おわり

17

ひらがなのくりかえしを見つけよう

ひらがなが，くりかえされています。
例のように，くりかえしの分かれ目に
／を書きましょう。

例

おおうんこ／おおうんこ／おおうんこ

1

にわにわににわにわににわにわに

2

こねここねこねこねここねこねこねここねこね

3

うんこここうんこここうんこここうんここここ

4

うんここんこんうんここんこんうんここんこん

5

うんうんうんこうんうんうんこうんうんうんこ

絵もヒントになるのう。

18

うんこのとうを登ろう

うんこ先生は，17段ある，
うんこのとうを登ります。
1分間で，5段登りますが，
その後すぐに2段すべり
落ちてしまいます。

4分後にすべり落ちたとき，
何段目にいますか。

（　　　　　）段目

はじめ

↓

4分くりかえす

↓

5段登る

↓

2段すべり落ちる

↓

ここまで

↓

おわり

17
16
15
14
13
12
11
10
9
8
7
6
5
4
3
2
1

うんこを拾いながら進もう❶

ロボットが，5個のうんこを拾いながら， スタート から ゴール まで進みます。
どの進み方が正しいですか。

◯ に◯を書きましょう。

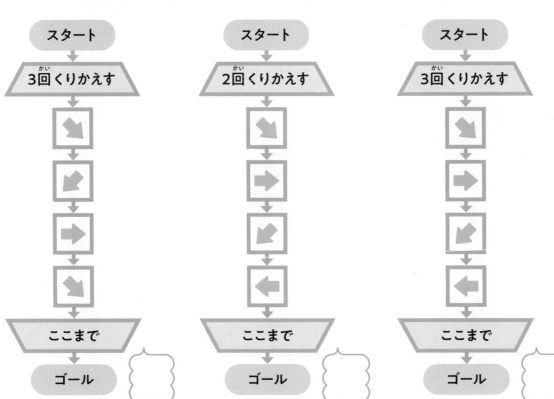

スタート	スタート	スタート
3回くりかえす	2回くりかえす	3回くりかえす
↘	↘	↘
↙	→	→
→	↙	↙
↘	←	←
ここまで	ここまで	ここまで
ゴール	ゴール	ゴール

くり
かえし

宝のうんこを
取りに行こう

学習日

月　　日

宝のうんこをロボットに取りに行かせるには,
どう動かせばよいですか。

◯に当てはまるものを［ ］から選び,
記号を書きましょう。

はじめ

◯回くりかえす

登る

進む

◯

◯

ここまで

宝を取る

おわり

ア 登る　　イ 進む　　ウ 右へ進む　　エ 左へ進む　　オ 3　　カ 4

うんこトライアスロン

くり
かえし

学習日

月　　　日

走り（ア），泳ぎ（イ），自転車（ウ），うんこ（エ）をくりかえし，

スタート から ゴール まで行きましょう。

22

きまり通りに文字を読もう

くり
かえし

学習日

月　日

暗号が書いてあります。①②③のルール通りに読み解きましょう。

読み解いた文を〔　　〕に書きましょう。

例

せ なん に せ ない よ は □(読む)■(読まない)で

せ(読む) な ん に せ な い よ で「せんせい」と読める。

●暗号

| う | ど | ん | ん | こ | か | こ | た | お | か | ら | さ | せ | た | て | る |

① □(読む) ■(読まない) をくりかえす。

〔　　　　　　　　　　　　〕

② □(読む) ■(読まない) ■(読まない) をくりかえす。

〔　　　　　　　　　　　　〕

③ □(読む) ■(読まない) ■(読まない) □(読む) □(読む) をくりかえす。

〔　　　　　　　　　　　　〕

23

こんなことも
「くりかえし」の考え方と言えるのじゃ！

信号機
しんごうき

```
くりかえす
　↓
青になる
あお
　↓
時間がたつと
じ　かん
点めつする
てん
　↓
赤になる
あか
　↓
時間がたつ
じ　かん
　↓
ここまで
```

体操
たいそう

```
くりかえす
　↓
手を上にあげる
て　うえ
　↓
大きく
おお
横にのばす
よこ
　↓
下に
した
ゆっくり動かす
うご
　↓
ここまで
```

せん風機
ふう　き

```
首ふりの
くび
設定をする
せってい
　↓
動きはじめる
うご
　↓
くりかえす
　↓
決まったところで
き
止まる
と
　↓
反対側に動く
はんたいがわ　うご
　↓
ここまで
```

わり算の筆算（4年生・算数）
ざん　ひっさん　　　ねんせい　さんすう

```
くりかえす
　↓
たてる
　↓
かける
　↓
ひく
　↓
おろす
　↓
ここまで
```

第3章 場合分け

「場合分け」とは，プログラミングを支える基本的な要素の一つで，ある条件を満たす場合はこちらの処理を，満たさない場合は別の処理をというように二つに分かれて考えるタイプや，複数の中から一つの処理を選ぶタイプがあります。

場合
分け

条件に当てはまる
文ぼう具

文ぼう具を，形や模様でグループに分けます。次のグループ分けをしたときに，
当てはまるものはどれですか。

（　）に記号を書きましょう。

---

1 紙を切るもの　　　　**2** しま模様があるもの

3 水玉模様があるもの　**4** 星があるもの　　　　**5** うんこがあるもの

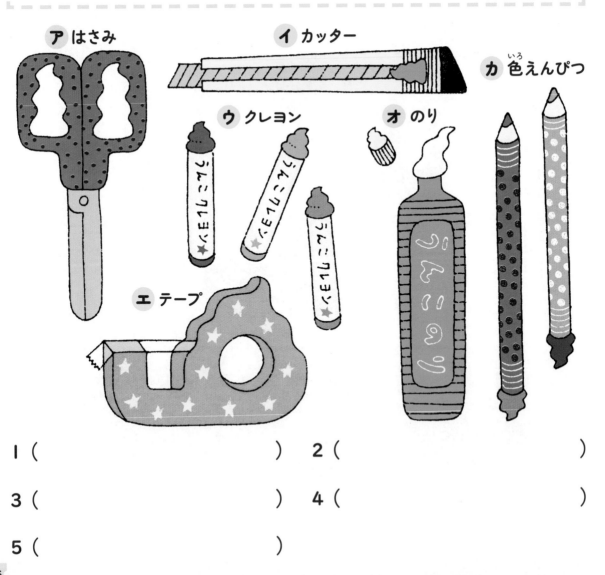

ア はさみ　　　　イ カッター　　　　カ 色えんぴつ

ウ クレヨン　　　オ のり

エ テープ

1（　　　　　　　　　　）　2（　　　　　　　　　　　　　）

3（　　　　　　　　　　）　4（　　　　　　　　　　　　　）

5（　　　　　　　　　　）

うんこ先生の服装のルール❶

うんこ先生は，次のようなルールを決めました。

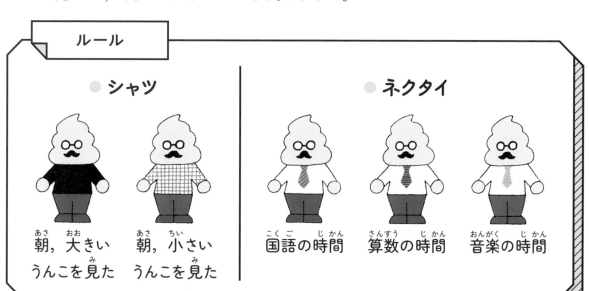

ルール

● シャツ

朝，大きいうんこを見た

朝，小さいうんこを見た

● ネクタイ

国語の時間

算数の時間

音楽の時間

下のうんこ先生は，どんなときですか。● と■を線でつなぎましょう。

| 小さいうんこを見た日の音楽の時間 | 大きいうんこを見た日の算数の時間 | 小さいうんこを見た日の算数の時間 | 大きいうんこを見た日の国語の時間 |

うんこすごろくを
進もう❷

すごろくをします。うんこがあるマスに止まったら，2マス進みます。

❶ ⚀ ➡ ⚁ ➡ ⚅ と出たら，どこに止まりますか。マスに○を書きましょう。

❷ ⚂ ➡ ⚀ ➡ ⚂ と出たら，どこに止まりますか。マスに△を書きましょう。

❸ ⚃ ➡ ⚀ ➡ ⚁ と出たら，どこに止まりますか。マスに□を書きましょう。

場合分け

時間割を調べよう

この時間割には，いくつかのルールがかくされています。

当てはまるものをすべて選び，（　）に〇を書きましょう。

	月	火	水	木	金
1	算数	国語	理科	理科	国語
2	国語	うんこ	道徳	体育	うんこ
3	うんこ	理科	算数	国語	算数
4	英語	社会	体育	うんこ	理科
	給食				
5	音楽	体育	社会	算数	体育

（　）算数があったら，次は国語。

（　）国語があったら，次はうんこ。

（　）理科のある日は，体育がある。

（　）体育は，給食の後にある。

29

うんこのかくし場所を見つけよう

学習日

月　日

うんこのかくし場所を書いた暗号です。

●暗号

| う | ん | こ | の | そ | ば | の | う | ん | こ | の | 下 | の | う | ん | こ |

「う」の文字があったら，順に「い」「は」「き」におきかえて読みます。

うんこのかくし場所を〇でかこみましょう。

場合
分け

うんこトーナメント

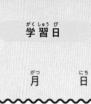

学習日

月　　　　日

うんこの強さをきそいます。　　は　　に勝ち，　　は　　に勝ち，
　　は　　に勝ちます。下のような勝ちぬき戦（トーナメント）をしたとき，
優勝するうんこはどれですか。

（　　　）に〇を書きましょう。

（　　）　　　　（　　）　　　　　（　　）

31

ロボットはどこへ

ロボットから見て，右のルールで動くとどこへ出ますか。

（　　）に〇を書きましょう。

いちばん重いうんこを調べよう

学習日

月　日

3個のうんこの中で，いちばん重いうんこを調べます。
下の絵の調べ方は，**1**〜**6**で表すと，それぞれどれになりますか。

●と■を線でつなぎましょう。

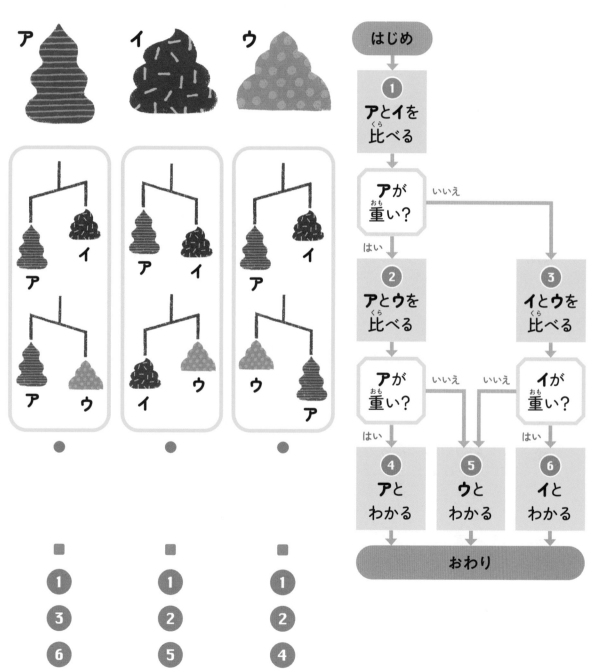

33

こんなことも
「場合分け」の考え方と言えるのじゃ！

じゃんけん

2人で
じゃんけんをする

↓

グーを出す

↓

| 相手がチョキなら勝ち | 相手がパーなら負け | 相手がグーならあいこ |

↓ おわり

↓ つづける

自動ドア

センサーで人や
物がないかを
調べている

↓

| 反応がないと閉じる（動かない） | 反応があると開く |

服装

その日の
天気を考える

↓

| 雨ならかさを持つ | 寒いなら長そでの服 | 暑いなら半そでの服 |

水よう液（6年生・理科）

いくつかある水よう液
の正体を調べる

↓

| 鉄などをとかして反応を調べる | 蒸発させて固体がとけているかを調べる | においを調べる | リトマス紙で性質を調べる |

第4章　デバッグ

「デバッグ」とは，つくったプログラムの不具合を見つけることです。プログラムの不具合，まちがいのことを「バグ（bug）」と言います。バグとは，もともと「虫」を意味する言葉です。コンピュータの中に虫がはさまってしまい，不具合を起こしたことがあったことから，名づけられたと言われています。

うずまきうんこの正しいつくり方

デバッグ

左のようにうずまきうんこをつくります。つくり方の順序を右のように
書きましたが, どちらもうまくつくれませんでした。どこをまちがえましたか。

まちがえたところの文字に, ×を書きましょう。

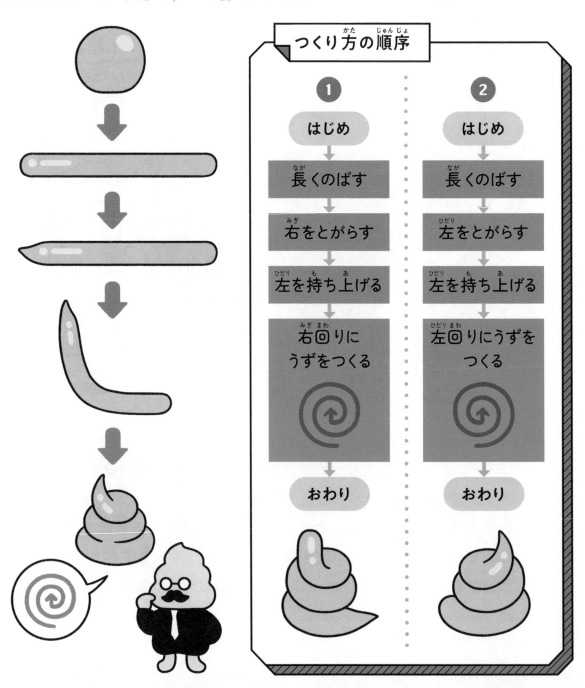

デバッグ

うんこシャツの正しい作り方

右のシャツを作ります。作り方の順序を
①，②のように書きましたが，うまく
作れませんでした。どこをまちがえましたか。

まちがえたところの文字に×を書き，直す言葉を
┌──┐から選び，記号を⦃　⦄に書きましょう。

●うんこシャツ

ポケット
赤のうんこ
青のうんこ
緑のうんこ

┌─────────────────────────────┐
│ ア 赤　イ 青　ウ 緑　エ 上　オ 下　カ 右　キ 左 │
└─────────────────────────────┘

作り方の順序

①　はじめ

ポケットに赤のうんこをかく

その上に青の□をかく

その□の中に青のうんこをかく

その左に緑の□をかく

その□の中に緑のうんこをかく

おわり

②　はじめ

ポケットに赤のうんこをかく

その下に黒の□をかく

その□の中に黒のうんこをかく

その左に緑の□をかく

その□の中に緑のうんこをかく

おわり

37

デバッグ

うんこを拾いながら
進もう❷

学習日

月　　日

すべてのうんこを拾いながら スタート から ゴール まで
行きます。でも，右のとおりに進んだら， ゴール まで
行けませんでした。

まちがえたところの（　　）に，正しい矢印を書きましょう。

はじめ

3回くりかえす

（　　）

（　　）

（　　）

（　　）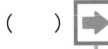

（　　）

ここまで

おわり

スタート

ゴール

ゴール

38

うんこ先生の服装のルール❷

うんこ先生は，雨が降っているかどうかで服装を決めようと，ルールをつくりました。ところが，雨の日にずぶぬれになってしまいました。

☐ ？ ☐にどんな命令を入れるとよかったですか。

（　　）に〇を書きましょう。

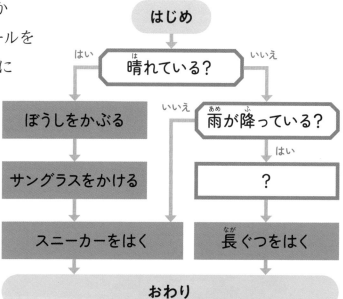

はじめ

晴れている？
はい　　　　　　　　　　いいえ

ぼうしをかぶる　　　　　　雨が降っている？
　　　　　　　　　　いいえ　　　　　　はい

サングラスをかける　　　　？

スニーカーをはく　　　　長ぐつをはく

おわり

（　　）サングラスをかける　　　（　　）うんこをする

（　　）かさを持つ　　　　　　　（　　）めがねをはずす

デバッグ

正しいプールの入り方

学習日

月　日

うんこロボットにプールの入り方を右のように
教えましたが、正しく入れませんでした。
どれとどれを入れかえればよいですか。
入れかえる2組を選び、（　　　）に記号を
書きましょう。

はじめ

うんこをしたい？
　　はい　　　　いいえ

ア　うんこをする

イ　水着を着る

うんこをしたい？
　　はい　　　　いいえ

ウ　うんこをする

エ　服をぬぐ

うんこをしたい？
　　はい　　　　いいえ

オ　プールに入る

カ　うんこをする

おわり

（　　　　　）と（　　　　　）

（　　　　　）と（　　　　　）

40

こんなことも「デバッグ」の考え方と言えるのじゃ！

とび箱（体育）

うまくとべないときに，動画を見直すなどして，走り方や手のつき方などのどこに問題があったかを考える。

料理（家庭科）

レシピ通りに料理を作ったはずなのに，見た目がちがったり味がちょっとおかしかったりするときに，料理の手順や材料の分量など，どこに問題があったかを考える。

道に迷う

道に迷ってしまったときは，地図やスマホなどで現在地を確認して，どこで道をまちがえたのかを知り，もどる。

筆算（算数）

答えをまちがえてしまったときに，計算のまちがいや，数字のまちがいがないかなど，どこでまちがえたのかを考える。

41

第5章 真偽値

「真偽値」とは，ものごとを「はい（真，TRUE）」と「いいえ（偽，FALSE）」の組み合わせで考えることです。また，「はい」か「いいえ」かの結果によって，そのあとに続く処理を分けることを「条件分岐」と言います。

真偽値

うんこを選んで進もう

分かれ道では，次のルールで進みます。

> **ルール**
>
> ● 3段うんこがあれば，3段うんこがある方へ
>
> ● どちらも3段うんこがあれば，しま模様うんこがある方へ
>
> ● どちらもしま模様うんこでなければ，大きいうんこがある方へ

このルールで，　スタート　から　ゴール　まで進みましょう。

真偽値

うんこきょうりゅうを
見つけよう

うんこきょうりゅうの仲間は、右のルールで見つけることができます。

下の絵からうんこきょうりゅうを見つけて、〇でかこみましょう。

はじめ

首が長い
はい　　いいえ

頭にうんこがある
はい　　いいえ

しっぽにうんこがある
はい　　いいえ

×　　うんこきょうりゅうの仲間　　×

おわり

真偽値

うんこの国へ
行けるのは…?

学習日

月　日

条件のある3つの門をくぐり，うんこの国へ行きます。

❶❷❸に当たる人を選んで，（　　　　）に記号を書きましょう。

❶ 3つの門をすべてくぐり，
うんこの国へ行けた人 　　（　　　　　　）

❷ 1つめの門をくぐれたけれど，
2つめの門をくぐれなかった人 　　（　　　　　　）

❸ 2つめの門までくぐれたけれど，
3つめの門をくぐれなかった人 　　（　　　　　　）

45

ウンコムシの飼い方

ウンコムシを正しく飼うためには，「❶25℃以下 ❷木を入れる ❸ゆでたまごをあたえる」の条件を守らなければなりません。

正しく飼っているものを選び，（　　　）に〇を書きましょう。

（　）

（　）

（　）

（　）

うんこ星人の星探し

うんこ星人が，次の条件に合う星を探しています。

条件

● 雨が少ない　　● 空気がある　　● 地下にうんこがある　　● 寒くない

うんこ星人は，どの星を選べばよいですか。（　　）に〇を書きましょう。

		空気	雨	気候	地下資源
（　　）	コンウ星	ある	多い	暖かい	鉄，うんこ
（　　）	うんうん星	ない	少ない	暑い	石油，うんこ
（　　）	ウコン星	ある	少ない	寒い	金，うんこ
（　　）	うーん星	ある	少ない	暑い	金，プラチナ
（　　）	コーンウ星	ある	少ない	暑い	銀，うんこ

こんなことも
「真偽値」の考え方と言えるのじゃ！

明るさセンサー

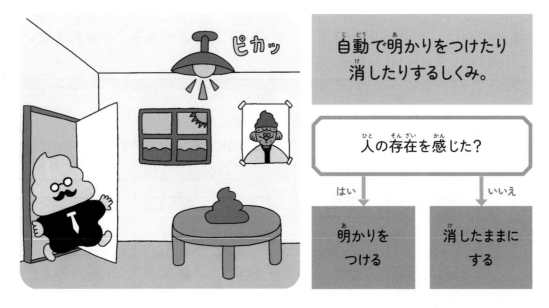

自動で明かりをつけたり
消したりするしくみ。

人の存在を感じた？

はい → 明かりを
つける

いいえ → 消したままに
する

身じたく

天気から
服や持ち物を考える。

雨はやみそう？

はい → スニーカーを
はいて
出かける

いいえ → 長ぐつを
はいて
出かける

第6章　抽象化

「抽象化」とは，ものごとを性質や手順によってまとまりにして，名前をつけることです。別の見方をすれば，ものごとの重要な部分や性質を見いだすことでもあります。とても多くの要素からできている現実の世界をコンピュータの世界であつかうためには，抽象化して整理することが必要です。さらに整理した後には，データの形で表現することも重要になってきます。

「う」「ん」「こ」の つく言葉

はじめに「う」のつく言葉を「グループ・う」，真ん中に「ん」のつく言葉を
「グループ・ん」，はじめに「こ」のつく言葉を「グループ・こ」とします。

（　　）に言葉を書きましょう。同じものを2回書いてもよいです。

● グループ・う（　　　　　　　　　　　　　　　　　　　　　　　　）

● グループ・ん（　　　　　　　　　　　　　　　　　　　　　　　　）

● グループ・こ（　　　　　　　　　　　　　　　　　　　　　　　　）

抽象化

仲間分けをしよう

下のものを，仲間にまとめます。

（　　　）に記号を書きましょう。同じものを2回書いてもよいです。

● ぐるぐるうずをまいた形のもの

（　　　　　　　　　　　　）

● うんこ

（　　　　　　　　　　　　）

● 丸い目のついたもの

（　　　　　　　　　　　　）

言葉を使って
まとめて
いるのじゃな。

51

抽象化

うんこにタグを
付けよう❶

うんこの形を，右のように表すことにしました。
数字は段の数，矢印は先の左右の向きを表します。

うんこマシンから出てきたうんこの ▢ に，
数字と矢印（→または←）を書きましょう。

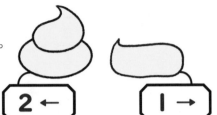

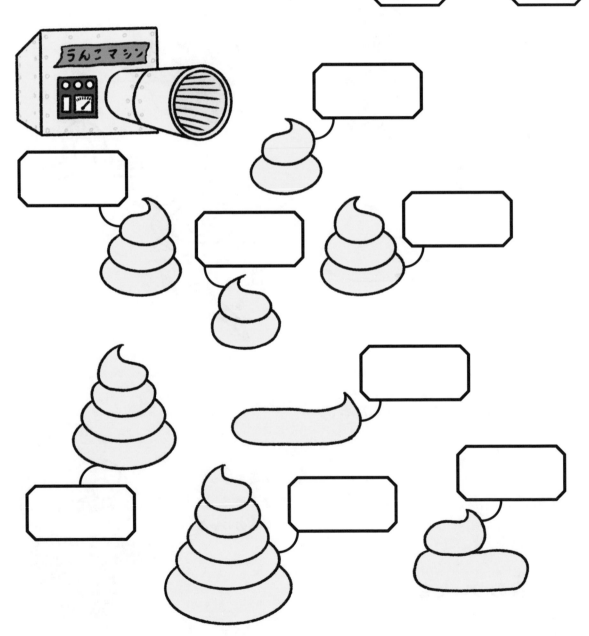

52

うんこにタグを付けよう❷

大人気のハデハデうんこを，下のように整理して表すことにしました。

うんこマシンから出てきたうんこの ⬡ に，言葉を書きましょう。

ハート	星	しま	水玉
いちばん上の段がハート模様	いちばん上の段が星模様	いちばん上の段がしま模様	いちばん上の段が水玉模様

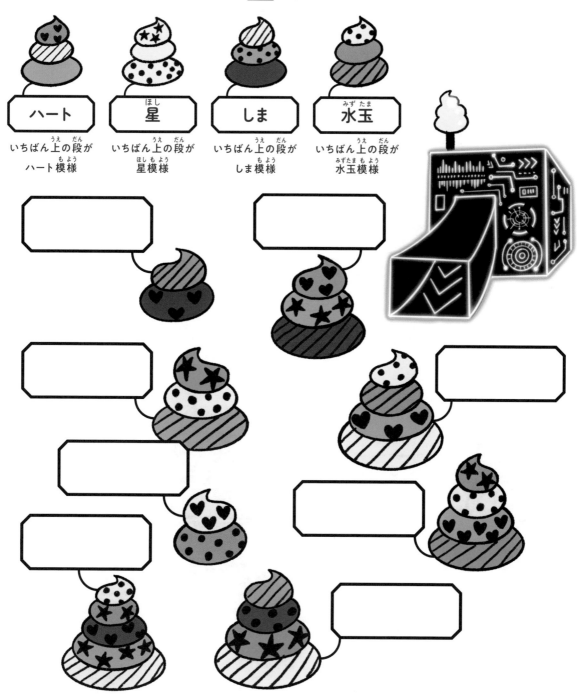

うんこの模様の表し方

うんこのしま模様と先を，下のように表すことに決めました。

10　　01　　101　　010　　1010　　／
　　　　　　　　　　　　　　　　　　　　ー

下から積み上げて，うんこの置き物を
作ります。その作り方を右のように表しました。

はじめ
↓
101　←いちばん下の段
↓
01　←真ん中の段
↓
10ー　←いちばん上の段と先
↓
おわり

下のうんこの置き物の作り方を，同じように表します。

下の □ に，数字や記号を書きましょう。

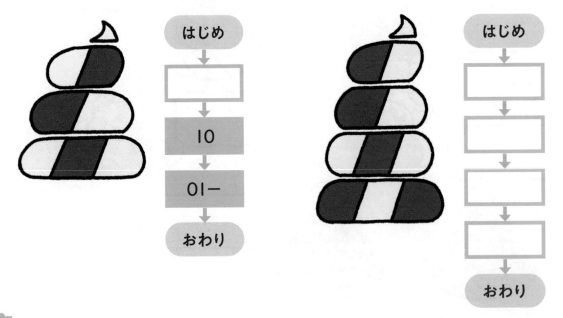

はじめ
↓
[　　　]
↓
10
↓
01ー
↓
おわり

はじめ
↓
[　　　]
↓
[　　　]
↓
[　　　]
↓
[　　　]
↓
おわり

次の島への進み方

ロボットが，橋をわたって進んでいきます。それぞれの島には絵がかいてあり，絵のはじめの2文字をその島の名前とします。進む島の名前を順につなぐと，言葉になりました。

次の言葉ができるのは，それぞれどのように進んだときですか。線で書きましょう。

うんこしたい〜〜〜　　うんどうかい————

こんなことも
「抽象化」の考え方と言えるのじゃ！

スリーヒントクイズ

あるものの正体が何かをわかってもらうために, ものの名前を言わないで, 特ちょうを伝える。

仲間の言葉（1年生・国語）

「えんぴつ」「消しゴム」を「文ぼう具」,「ひまわり」「あさがお」を「花」と言うように, まとめた表し方をすることができる。

四角形（4年生・算数）

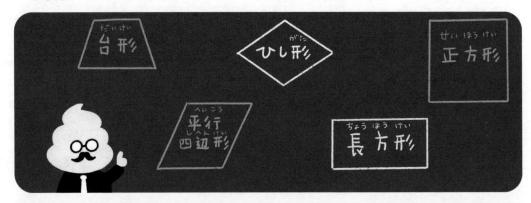

いろいろな四角形の中で, 1組の向かい合った辺が平行なら「台形」, 2組の向かい合った辺が平行なら「平行四辺形」, 辺の長さがどれも等しければ「ひし形」というように, 仲間分けをすることができる。

第7章 変数

「変数」とは，数や文字などを入れておくことのできる「箱」と言えます。箱には数だけでなく文字も入れることができて，そして箱の中に入る数や文字はいろいろと変えることができます。

色の名前を覚えさせよう❶

うんこ先生は，ロボットに色の名前を覚えさせます。このロボットたちは，最後に伝えられた色の名前だけを覚えることができます。

それぞれのロボットが覚えている色の名前を（　　）に書きましょう。

赤，青，緑，黄

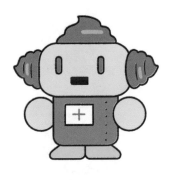

（　　　　　　）

ピンク

（　　　　　　）

黄，黄，黄，青

（　　　　　　）

色の名前を
覚えさせよう❷

変数

ウンコロボは，色の名前か，色の名前を
覚えているロボットの名前を使って，
色の名前を覚えることができます。
覚えておくことができるのは，最後の
言葉だけです。

ウンコロボ

赤　　　　黄　　　　シルバー

ロボウ　　　ロボン　　　ロボコ

ウンコロボに「赤」と覚えさせることのできる命令をしているものはどれですか。
すべて選んで，（　　）に〇を書きましょう。

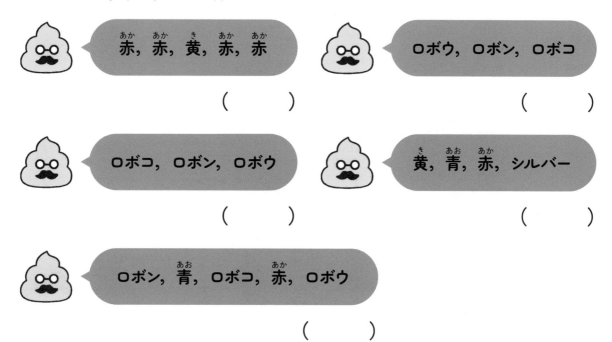

赤，赤，黄，赤，赤

（　　　）

ロボウ，ロボン，ロボコ

（　　　）

ロボコ，ロボン，ロボウ

（　　　）

黄，青，赤，シルバー

（　　　）

ロボン，青，ロボコ，赤，ロボウ

（　　　）

うんこの色つけのしかた

変数

ロボットにうんこの色つけをさせます。
このロボットには，下の命令ができます。

命令

- まず，いちばん下のうんこに色つけをする。
- 次に，□ 個上のうんこに色つけをする。
- うんこがなくなるまでくりかえす。

下のようになったとき，□ に入れた数はそれぞれ何でしたか。
（　）に数を書きましょう。

（　　　）　　　　（　　　）　　　　（　　　）

うんこの配り方

ロボットにうんこを配らせます。

このロボットには，下の命令ができます。

命令

● まず，Aの番号のテーブルにうんこを配る。

● 次に，配ったテーブルの番号＋Bの

　テーブルにうんこを配る。

下のようにうんこを配ったとき，A，Bに入れた数はそれぞれ何でしたか。

（　　　）に数を書きましょう。

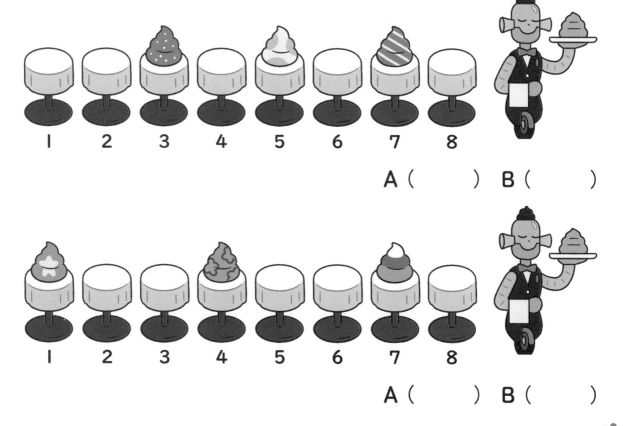

A（　　　）　B（　　　）

A（　　　）　B（　　　）

こんなことも
「変数」の考え方と言えるのじゃ！

□を使った式（4年生・算数）／文字と式（6年生・算数）

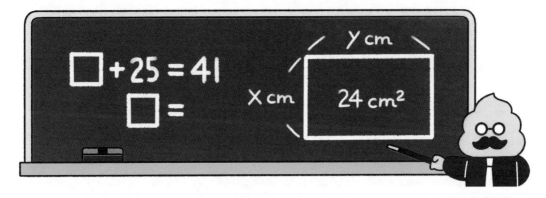

ある数を□やxとしておき、それに数を入れて考える。
→縦の長さ$x$cm、横の長さ$y$cmの長方形の面積が24cm²のとき、xに入る数によってyの数も変わる。

料理（家庭科）

料理の手順の中で「火にかける」という手順を変数ととらえる。
同じ「火にかける」でも、そのときの手順や素材などによって「強火」「中火」
「弱火」「とろ火」などを入れかえる。

第8章　関数

「関数」とは，コンピュータにさせたい処理をひとまとまりにして名前をつけ，いつでも呼び出して使えるようにすることです。同じ処理を何度もくりかえさなくても，決めた関数を使うことで簡単にできるようにする考え方です。

うんこを変化させる機械

うんこを変化させる機械があります。下のようになったとき，それぞれの機械は
うんこをどのように変化させたと言えますか。

ア～エから選んで（　　　）に記号を書きましょう。

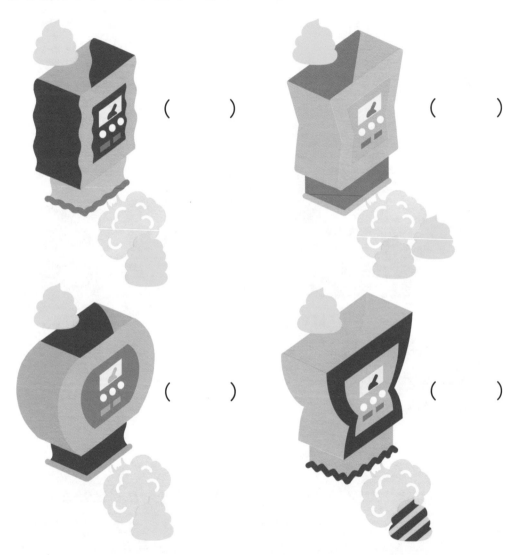

（　　　）

（　　　）

（　　　）

（　　　）

ア 個数を2倍にする　　　**イ** 段数を1段増やす

ウ ツノの向きを逆にする　　**エ** しま模様にする

うんこを変化させる機械をつなげたら

うんこの数を変化させる機械をつなげることに成功しましたが，
どのように変化させるかわかりません。
下のようになったとき，機械の働きに合うように（　　）に数を書きましょう。

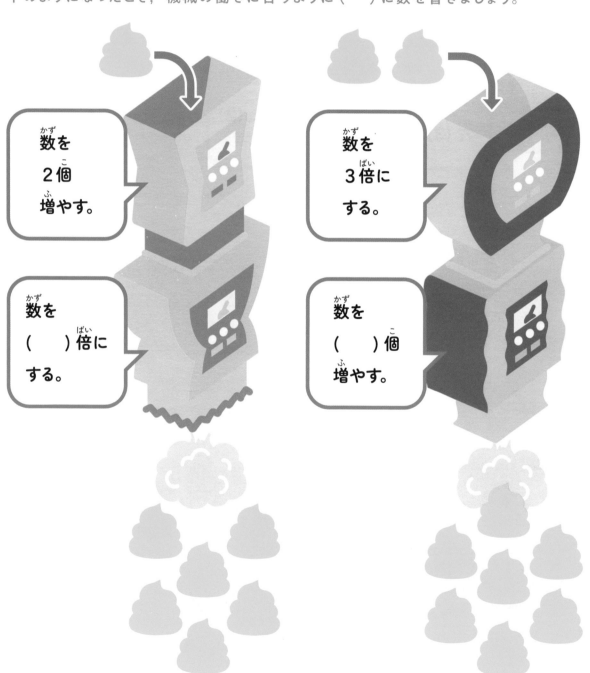

数を
2個
増やす。

数を
（　　）倍に
する。

数を
3倍に
する。

数を
（　　）個
増やす。

関数

ロボットを
移動させよう❶

ロボットに 右(3) と命令すると，右に3マス移動します。次のように
命令されると，ロボットはそれぞれどのマスに移動しますか。

（　　）に記号を書きましょう。

右(4)　下(3)　左(3)

右上(2)　左上(2)

左(3)　下(2)　左(3)

（　　　）　　　　（　　　）　　　　（　　　）

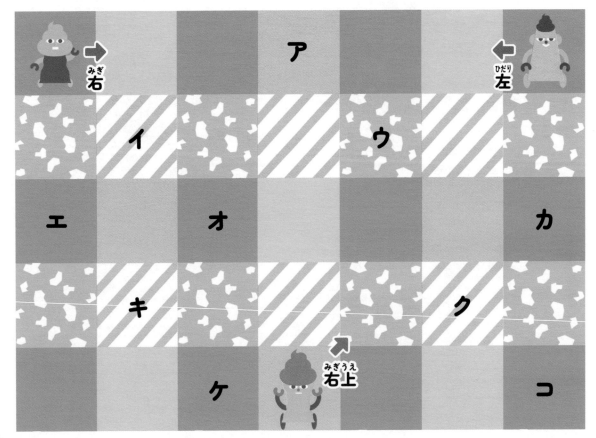

ロボットを移動させよう❷

ロボットに 右(3) と命令すると，右に3マス移動します。5回の命令で
すべてのうんこのマスにぴったり止まるには，どのように命令すればよいですか。
(　　)に数を書きましょう。

右	(	)
下	(	)
左	(	)
右上	(	)
下	(	)

こんなことも
「関数」の考え方と言えるのじゃ！

表計算アプリ

「決めたはんいの数の平均を出す」と
しておけば，数が何個入っているかに
関係なく，自動で「全体÷個数＝
平均」を求めることができる。

かけ算（2年生・算数）

6+6+6+6+6+6+6
6×7＝42

「6+6+6+6+6+6+6」としなくて
も，「×」の記号を使うことで，何度も
「＋」を使わずに「6×7」と計算する
ことができる。

工夫した求め方（算数）

面積や体積を求める方法がいくつか
あるときに，「○○さんの求め方」と
いうようにネーミングして，他の図形で
求めるときにも活用する。

算数の考え方が
大事になってくるのじゃな。

第9章　アルゴリズム

「アルゴリズム」とは，何かの目的を達成するため，達成させるための，ひとかたまりの手順のことです。どのような命令をどのような順で実行するか，という考え方です。だれが読んでも同じ作業手順になるようにつくられる必要があります。

うんこを拾いながら進もう❸

ロボットに，うんこを拾わせながら スタート から ゴール まで進ませます。
❶❷❸の進ませ方は，**ア**，**イ**，**ウ**のどれですか。

（　　　）に記号を書きましょう。

❶ うんこをどれか1個拾い，なるべく
　短い道を進む。　　　　（　　　）

❷ うんこをどれか3個拾い，なるべく
　短い道を進む。　　　　（　　　）

❸ うんこを，●，■，★，♥の順に
　すべて拾って進む。　　（　　　）

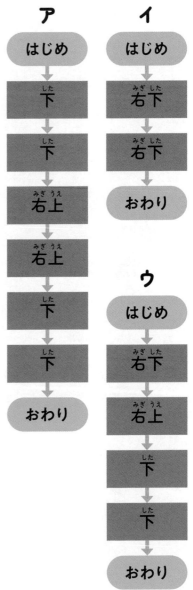

ア

はじめ
下
下
右上
右上
下
下
おわり

イ

はじめ
右下
右下
おわり

ウ

はじめ
右下
右上
下
下
おわり

うんこを配達しよう

ロボットがうんこを配達します。1階の2号室と4号室，2階の2号室と3号室に届けます。エレベーターと階段を使い，同じ道を2回通らずに スタート にもどってくるには，どういう順番がよいですか。2通り考えましょう。

下の □ に当てはまるものを から選び，記号を書きましょう。

はじめ
↓
エレベーターで2階へ
↓
2階の2号室へ
↓
2階の3号室へ
↓
□
↓
□
↓
□
↓
おわり

はじめ
↓
1階の2号室へ
↓
1階の4号室へ
↓
□
↓
□
↓
□
↓
おわり

ア 1階の2号室へ
イ 1階の3号室へ
ウ 1階の4号室へ
エ 2階の1号室へ
オ 2階の2号室へ
カ 2階の3号室へ
キ 階段を下りる
ク 階段を上がる
ケ エレベーターで下りる
コ エレベーターで上がる

71

数字を使って命令しよう

アルゴ リズム

学習日　月　日

ロボットに「うんこつくれ」と命令したいのですが，このロボットは言葉はわかりますが，読むことができるのは数字だけです。そこで，右のように文字を数字で表すことにしました。「あ」は1−①，「く」は3−②と表します。

⑩	⑨	⑧	⑦	⑥	⑤	④	③	②	①	
わ	ら	や	ま	は	な	た	さ	か	あ	1
	り		み	ひ	に	ち	し	き	い	2
を	る	ゆ	む	ふ	ぬ	つ	す	く	う	3
	れ		め	へ	ね	て	せ	け	え	4
ん	ろ	よ	も	ほ	の	と	そ	こ	お	5

右の命令が「うんこつくれ」となるように，□に数字を書きましょう。

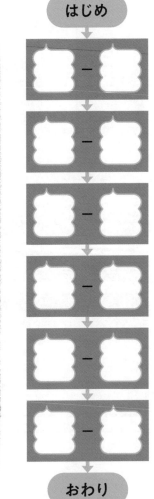

はじめ

□−□

□−□

□−□

□−□

□−□

□−□

おわり

72

うんこの色のそろえ方

うんこ置き物の，上と下の模様をそろえます。
2通りのやり方を考え，□に当てはまる言葉を書きましょう。

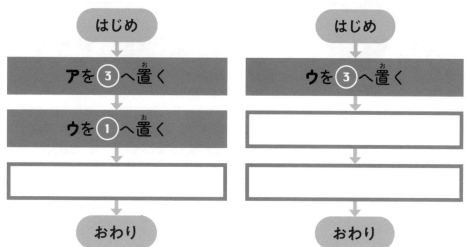

はじめ	はじめ
アを③へ置く	ウを③へ置く
ウを①へ置く	
おわり	おわり

こんなことも「アルゴリズム」の考え方と言えるのじゃ！

料理（家庭科）

材料の種類や分量, 料理の手順をまとめた「レシピ」もアルゴリズムの一つ。また,「みじん切りにするための切り方の手順」など, さらに細かくしていくこともできる。

お金の受けわたし

何枚かのこう貨を持っていて買い物をするとき,「おつりのこう貨が少なくなるように買い物をする」というのもアルゴリズムの一つ。

電化製品

どのようにして使っていくかをまとめた「説明書・マニュアル」もアルゴリズムの一つ。必要な手順で組み立てなどを行わなかったり, 電源コードをつないでから電源を入れるという手順などを誤ったりすると, 使えない場合もある。

第10章　まとめ

これまで，いろいろなプログラミングの考え方を学んできました。
それらを使ってドリルのしあげをしましょう！

うんこ先生のぼうけん❶

学習日

月　　　日

ぼうけん❶

うんこ先生が，右のようなプログラムで歩きます。
歩く道すじをなぞりましょう。

進む　　　上がる　　　下がる　　　とぶ

スタート

ゴール

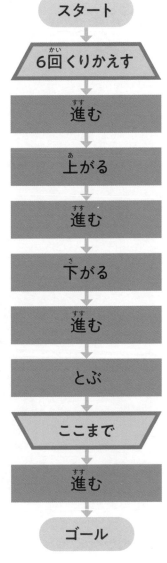

スタート

6回くりかえす

進む

上がる

進む

下がる

進む

とぶ

ここまで

進む

ゴール

まとめ

うんこ先生のぼうけん❷

学習日

月　　日

ぼうけん❷

うんこ先生が，右のようなプログラムで歩こうとしています。しかし，まちがいが1つあるようです。

まちがえているところに×を書き，（　　　）に正しい文字を書きましょう。

スタート

↓

進む

↓

2回
くりかえす

↓

（　　　）左の道を行く

↓

（　　　）右の道を行く

↓

（　　　）左の道を行く

↓

（　　　）左の道を行く

↓

ここまで

↓

ゴール

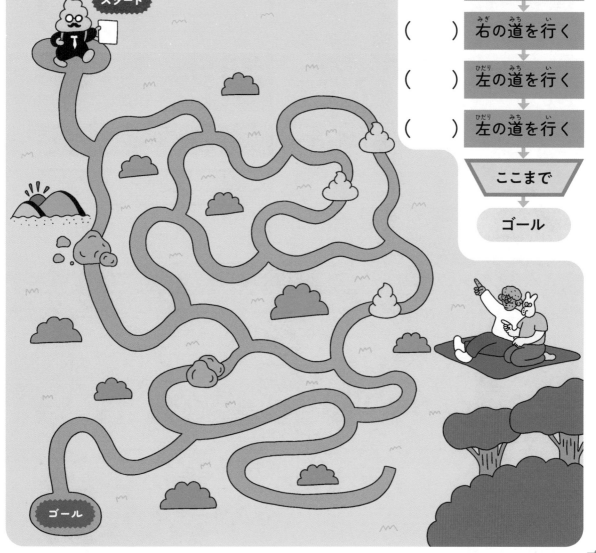

まとめ うんこ先生のぼうけん❸

ぼうけん❸

右のようなプログラムで，
 から ゴール まで進みましょう。

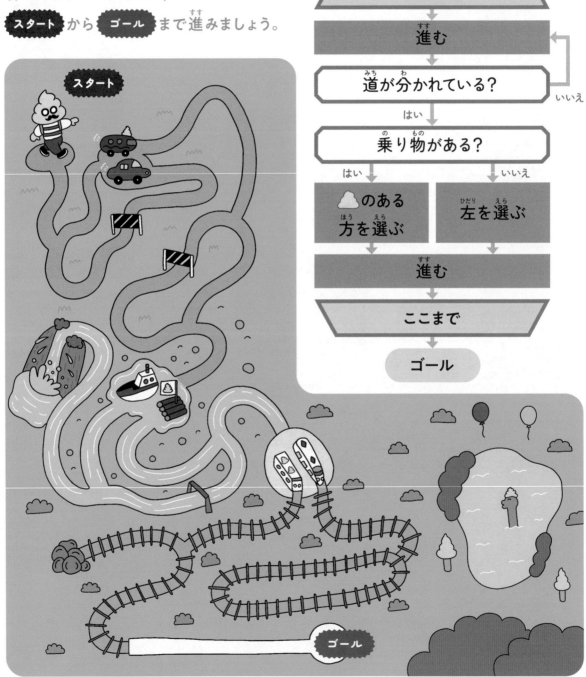

スタート

くりかえす

↓

進む

↓

道が分かれている？ → いいえ

↓はい

乗り物がある？

はい↓　　　いいえ↓

☁のある 方を選ぶ　　　左を選ぶ

↓

進む

↓

ここまで

↓

ゴール

うんこ先生のぼうけん❹

まとめ

学習日

月　日

ぼうけん❹

右のようなプログラムで,

スタート から ゴール まで進みましょう。

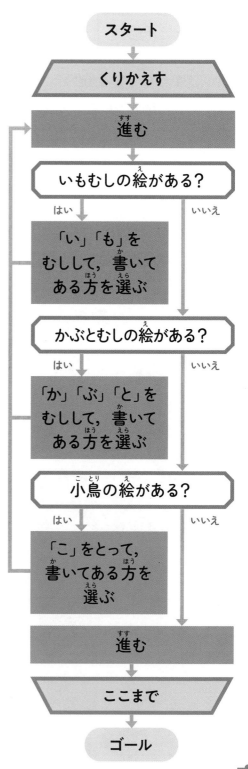

スタート

くりかえす

進む

いもむしの絵がある？
はい　　いいえ

「い」「も」を
むしして, 書いて
ある方を選ぶ

かぶとむしの絵がある？
はい　　いいえ

「か」「ぶ」「と」を
むしして, 書いて
ある方を選ぶ

小鳥の絵がある？
はい　　いいえ

「こ」をとって,
書いてある方を
選ぶ

進む

ここまで

ゴール

79

うんこ先生のぼうけん❺

ぼうけん❺

ぴかぴかうんこを全部手に入れ，　スタート　から　ゴール　まで
進みます。同じ道は，2回通れません。

進む順番を考え，　から選び，□に記号を書きましょう。

ア 分かれ道を右へ行く　　　**エ** 穴でうんこを手に入れる

イ 分かれ道を左へ行く　　　**オ** ピラミッドでうんこを手に入れる

ウ 岩でうんこを手に入れる　　**カ** 木でうんこを手に入れる

はじめ

おわり

もっとプログラミング

答えとアドバイス

わかりやすい縮刷解答！

解説も確認しよう！

1ページ

2ページ

3ページ

4ページ

5ページ

6ページ

解説

4ページ　センサーで反応したり，自動で量や強さを調整したりするものは家庭でも多く見られます。また，1つのものにいろいろなプログラムが入っている場合も多くあります。

5ページ　家の外に出ると，さらにいろいろなものが見つけられます。町の中で探すときには，危険がないように注意しましょう。

6ページ　生活の中で何気なく使っているものについても，どんなプログラムがされているかを考えてみると，便利にするためのいろいろな工夫に気づくことができます。

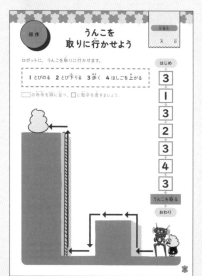

＼解説／

8ページ アカイの門を最初にくぐってしまうと，どこかで同じ道を通らないとゴールに着くことができません。最初にウの門をくぐって進む道を考えましょう。

9ページ イラストをもとに上から順に見てしまいがちですが，「下から順につくらなければならない」ことに注目しましょう。

11ページ 「とびのる」「とび下りる」といった動作の間に，必ず「歩く」が入ることに気をつけましょう。

13 ページ

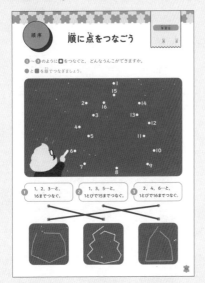

14 ページ

15 ページ

16 ページ

17 ページ

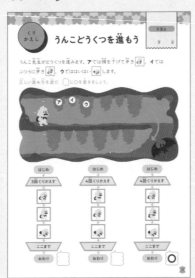

18 ページ

解説

13 ページ ①は1ずつ，②は奇数を，③は偶数をつないでいきます。つなぎ方によって，出てくる形はちがいます。

14 ページ 使える記号は1つずつです。どのように当てはめればゴールまで下りられるかを考えて，順に入れましょう。

18 ページ 出てくるひらがなは2〜3種類だけなので，一見どこで区切りになっているのかがわかりづらくなっています。絵もヒントにしながら，区切りを見つけましょう。

19 ページ

20 ページ

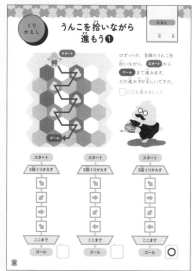

21 ページ

22 ページ

23 ページ

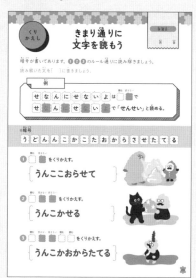

24 ページ

解説

20 ページ 進み方やくりかえしの回数をしっかり確認しましょう。

22 ページ ゴールに早く着く行き方は他にありますが，ア→イ→ウ→エ→…のくりかえしになっている必要があります。

23 ページ きまりを当てはめて，色のあるますの文字は読まずに，色のないますの文字だけを読みます。3題あるので，小さく印などをつけながら取り組むとよいでしょう。

25 ページ

26 ページ

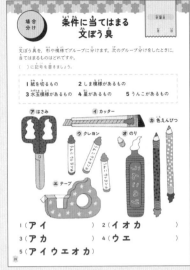

27 ページ

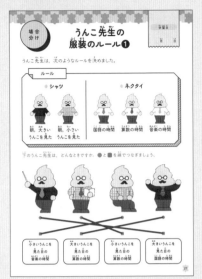

28 ページ

29 ページ

30 ページ

解説

27 ページ 2つの条件で場合分けをして，服装とネクタイをかえています。条件の見落としがないようにしましょう。

29 ページ 「算数があったら，次は国語。」「体育は，給食の後にある。」も当てはまる場合はありますが，そうではない場合もあるので，いつでも当てはまるルールとは言えません。

30 ページ 「う」の文字をきまりに従っておきかえると「いんこのそばのはんこの下のきんこ」となります。金庫は1個ではありませんが，「いんこのそばのはんこの下」を手がかりに，かくし場所を見つけましょう。

31 ページ

32 ページ

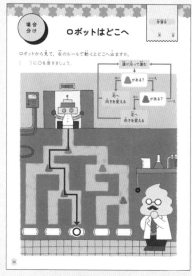

33 ページ

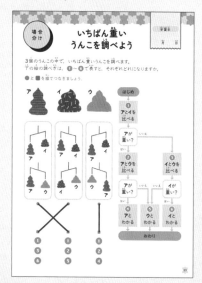

34 ページ

35 ページ

36 ページ

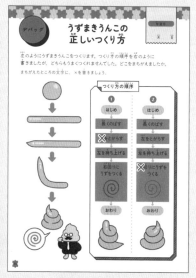

解説

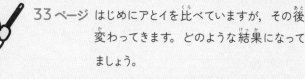

31 ページ　じゃんけんのような法則があるので，常にどれが勝つということは決まっていません。トーナメントにおいてどのうんこが勝ちぬくか，順に見ていきましょう。

33 ページ　はじめにアとイを比べていますが，その後はうんこのつり合いによって調べる順が変わってきます。どのような結果になって，次に何を調べているのかを見ていきましょう。

87

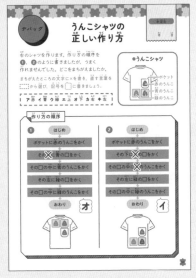

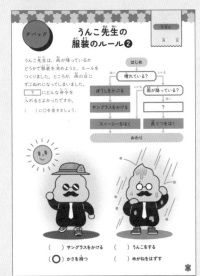

解説

38 ページ 出ている行き方の通りだと，スタートにいちばん近いうんこを拾うことができず，ゴールにも着くことができません。どこか1つだけを直してゴールに着く行き方を考えましょう。

40 ページ 入れかえができるのは2か所だけです。少ない回数の入れかえで正しくプールに入れるように考えましょう。

43 ページ

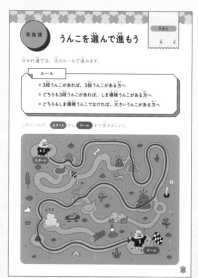

44 ページ

45 ページ

① 3つの門をすべてくぐり、うんこの国へ行けた人	（	ウ ケ ）
② 1つめの門をくぐれたけれど、2つめの門をくぐれなかった人		ア キ ク
③ 2つめの門までくぐれたけれど、3つめの門をくぐれなかった人		エ オ

46 ページ

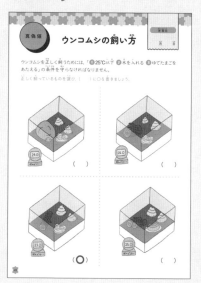

47 ページ

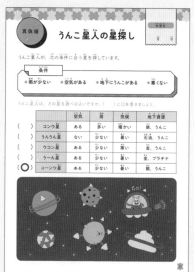

48 ページ

\解説/

43 ページ いちばんはじめに考えるのは3段うんこであるかどうかですが、どちらも3段うんこではない場合などには、次は模様を見て考えます。はじめから模様や大きさを考えてしまわないように気をつけましょう。

45 ページ 問題では3つの門をくぐってうんこの国へ行けた人をはじめに問われていますが、門の順にあわせて、ぼうし→シャツ→バッグの順に条件を確認していくとわかりやすいでしょう。

49 ページ

50 ページ

51 ページ

52 ページ

53 ページ

54 ページ

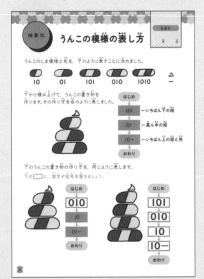

解説

50 ページ 複数のグループに入る言葉もあります。

52 ページ うんこの段の数と，うんこの先の向きの，2つの条件を見てタグを付けます。どちらも見落とさないようにしましょう。

53 ページ 52ページよりうんこがカラフルになって条件が増えたように見えますが，いちばん上のうんこ以外は模様を見る必要がありません。どの条件を見て分類するのか，しっかり確認しましょう。

55 ページ

56 ページ

57 ページ

58 ページ

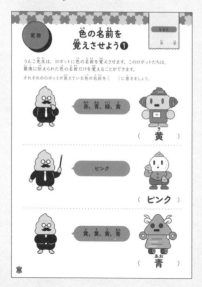

59 ページ

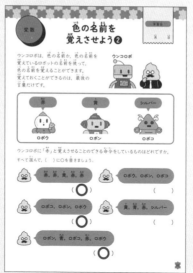

60 ページ

解説

55 ページ はじめの2文字だけを見るので，ロボットの進み方は「うん」→「こし」→「たい」，「うん」→「どう」→「かい」の2通りになります。

59 ページ 「色の名前を覚えているロボットの名前で，色の名前を覚えることができる」ので，ロボウ＝赤，ロボン＝黄，ロボコ＝シルバーとおきかえて考えるとわかりやすくなります。

60 ページ いちばん下のうんこの次に何個上のうんこに色がぬられているのかを確認することがポイントです。

61 ページ

62 ページ

63 ページ

64 ページ

65 ページ

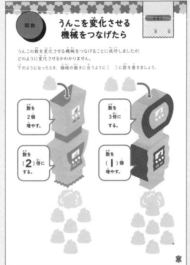

66 ページ

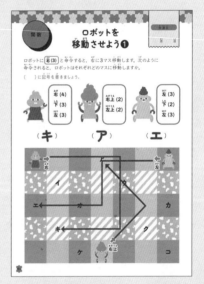

64ページ うんこの何を変化させる機械なのかわかりません。数なのか，形なのか，模様なのか，絵を見て確認しましょう。

65ページ 左の問題は，はじめの機械で数を2個増やすことから3個になっており，最後6個になっていることから，6÷3＝2で2倍にする機械であることがわかります。

66ページ ロボットが最後どのマスに移動しているかを考えましょう。「右上」はななめ上のマスに移動します。

67ページ

68ページ

69ページ

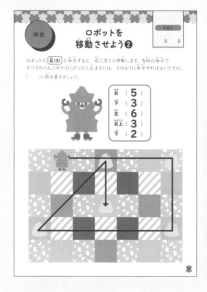

70ページ

71ページ

72ページ

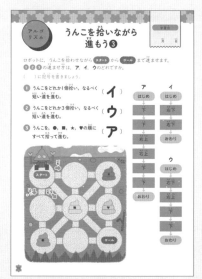

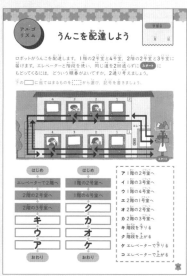

\ 解説 /

67ページ 5回の命令で毎回うんこに止まる必要があります。はじめの「右」には2か5が入りますが，3回目の命令で「左」とあることから，2では正しくないことがわかります。答えがわからないときには，複数のやり方を試したり，前にもどったりして確認しましょう。

71ページ 行ったり来たりをくりかえすのであればいろいろな方法で配達することができますが，同じ道を2回は通らずに，できるだけ少ない回数で終わらせられる方法を考えましょう。

93

73 ページ

74 ページ

75 ページ

76 ページ

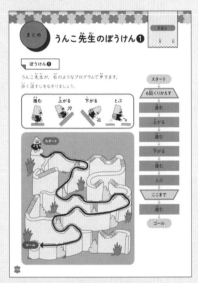

77 ページ

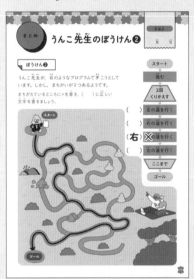

78 ページ

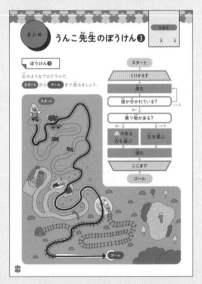

\解説/

76 ページ　いろいろな進み方がありますが，まっすぐ進んでしまうと「とぶ」がないなど，プログラム通りに進めないところがあります。道の様子をしっかり見てなぞりましょう。

77 ページ　分かれ道の進み方を考えます。「右」「左」は，うんこ先生から見た方向で考えます。

78 ページ　道が分かれているところでは左を，乗り物があるところではうんこがある方を選んで進みます。

79 ページ

80 ページ

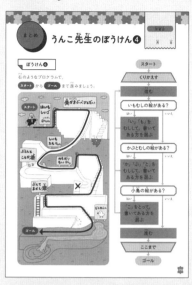

解説

79ページ　看板があるところでは、「い」「も」の文字をむし（無視）するといった指示通りに読んで、進む道を選びましょう。

80ページ　はじめから進み方を入れようとすると難しいので、まずは絵を見て、うんこを全部手に入れて進む道を考えてみてから、それに合うように考えるとわかりやすくなります。

自由に使おう！

うんこ コミックス
UNKO COMICS
おはよう！うんこ先生
原作：古屋雄作
漫画：水野輝昭
発売中!!
第1話をまるごと読めるのじゃ！
今日から
うんこが担任に!?
うんこ先生です
みんな早くなれるように～
無理!!!!
おつかれさまですじゃ
まともな先生がいねエーーッ!!
もういいよ！絶対ふざけてるこのバカうんこ!!
ちょちょちょ
どうなる
僕らの6年2組！
近くに本屋がなければコチラ！
価格（本体505円+税）
ISBN 978-4-86651-279-2
UNKO COMICS
おはよう！うんこ先生
1
原作：古屋雄作
漫画：水野輝昭
次のページから記念すべき第1話をお読みいただけます！

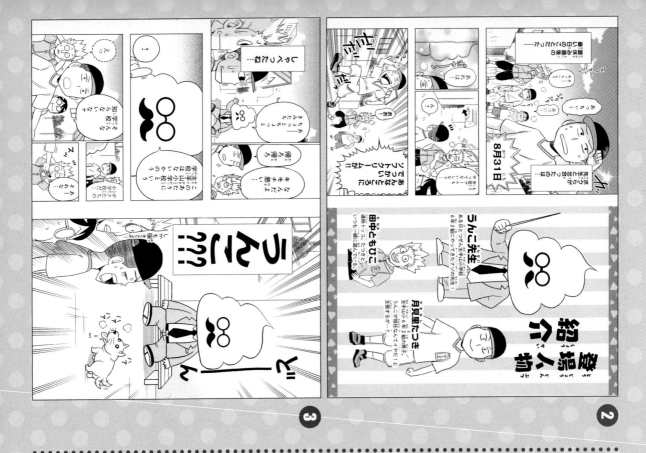

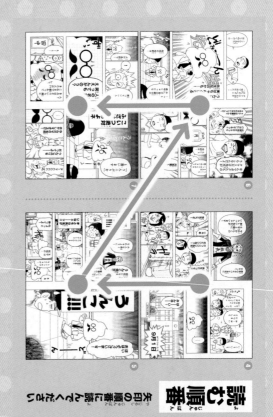

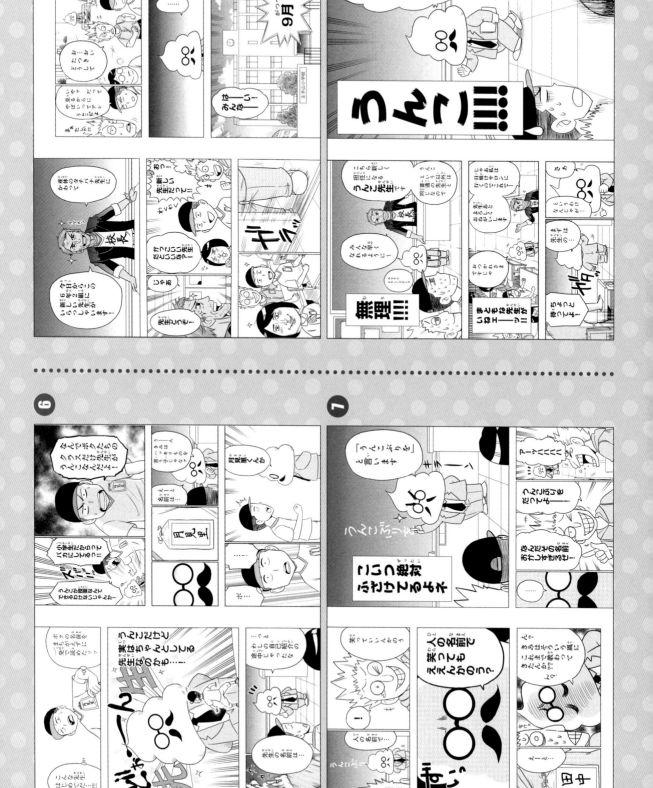

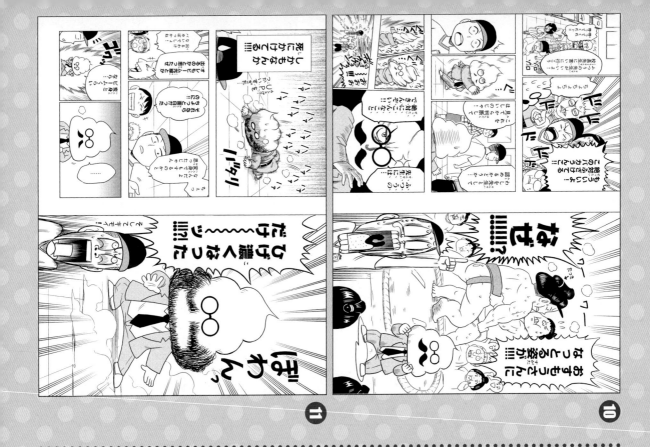

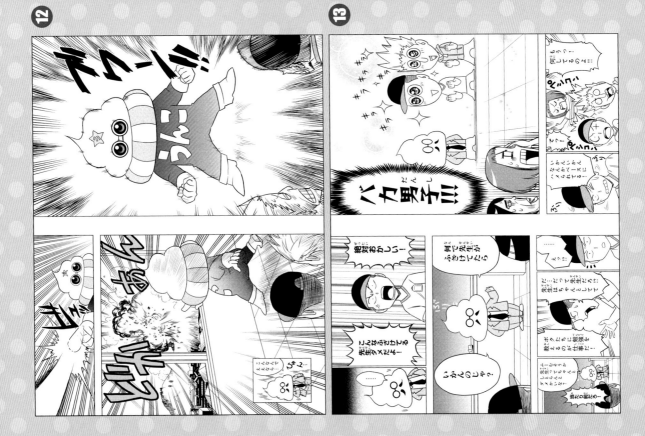

クリアファイル

うんこドリル セット 購入者 限定！

学習に役立つ
特別 ふろく付き

↓ ご購入は各QRコードから ↓

シール付
うんこノート

うんこ
ノート
裏地

	小学**1**年生	小学**2**年生	小学**3**年生
漢字セット	漢字セット **2冊** かん字/かん字もんだいしゅう編	漢字セット **2冊** かん字/かん字もんだいしゅう編	漢字セット **2冊** 漢字/漢字問題集編

算数セット	算数セット **3冊** たしざん/ひきざん 文しょうだい	算数セット **4冊** たし算/ひき算/かけ算 文しょうだい	算数セット **4冊** たし算・ひき算/かけ算 わり算/文章題

オールインワンセット ＼全部入り！／	オールインワンセット **7冊** かん字/かん字もんだいしゅう編 たしざん/ひきざん/文しょうだい アルファベット・ローマ字/英単語	オールインワンセット **8冊** かん字/かん字もんだいしゅう編 たし算/ひき算/かけ算/文しょうだい アルファベット・ローマ字/英単語	オールインワンセット **8冊** 漢字/漢字問題集編/たし算・ひき算 かけ算/わり算/文章題 アルファベット・ローマ字/英単語
	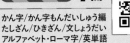	 	 

※セットによって特別ふろくの内容は異なります。